LA VÉRITÉ

N° 2.

JUSTICE !

PAR

UN OFFICIER D'ARTILLERIE

DE L'ARMÉE DE PARIS

LES

CRIMES DE THIERS

PRIX : TROIS PENCE

LONDRES

Imprimerie internationale, 18, Claremont place, Judd street.

1871

TOUTE LA VÉRITÉ

RIEN QUE LA VÉRITÉ

JUSTICE !

N° 2.

LES CRIMES

DE

M. THIERS

A M. ROSSEL

Chef d'escadron du Génie,

A Mme ROSSEL

Père et Mère du Général ROSSEL

ROSSEL est mort,

Mort, lâchement assassiné par les lâches de VERSAILLES. Et devant ce noble cadavre ont défilé, musique en tête, joyeusement, deux ou trois mille fusillards commandés par MERLIN.

Merlin !... c'est-à-dire, la honte, l'infamie, l'abjection profonde.

Et dans ce Paris — pauvre Paris ! — que ROSSEL, eut fait si glorieux et si grand, pas un bras ne s'est levé pour l'arracher à ces vieillards immondes, à ces monomanes affolés, qui égorgent les vaincus, qui les martyrisent à plaisir, pour se venger de la peur qu'ils en ont encore.

Saviez-vous, Parisiens, quel cœur a battu dans cette poitrine qui n'est à présent qu'un grand trou béant, noir de sang?

C'était le cœur d'un soldat

C'était le cœur d'un Français.

D'un soldat,

Qui, voyant nos maréchaux, nos généraux, nos colonels, nos commandants, *vendre* et *livrer* aux Prussiens nos corps-d'armée, nos divisions, nos brigades, nos régiments, a jeté à la face de ces traîtres, de ces lâches, son brevet de capitaine dont ils avaient fait un brevet d'infamie!

D'un Français,

Qui, voyant nos Ministres, nos Préfets, nos Maires

— III —

vendre et *livrer* aux Prussiens nos foyers, nos femmes et nos filles, a rougi d'être Français ; et qui a voulu, pourtant, effacer toutes ces hontes, en montrant dans l'*Armée de Paris*, ce que pourrait encore un peuple régénéré par une saine et forte République.

Mission glorieuse, glorieuse tentative, que l'Europe édifiée salue maintenant de son admiration ; rêve grandiose qui dira toujours à ceux-là même qui ne vous ont jamais vu, mon Général, à ceux-là, même qui n'ont pu vous connaître, mon noble ami, tout ce qu'il y avait d'héroïque dévouement, d'austère patriotisme dans votre cœur excellent, dans votre magnifique intelligence.

Mais, Vous, bourreaux éhontés, ignobles poltrons, ramollis abjects, bourgeois fétides, idiots féroces, qui l'avez tué sournoisement, notre ROSSEL, après l'avoir supplicié durant quatre-vingt-dix jours et quatre-vingt-dix nuits, vous,

THIERS,

— IV —

Vous, MARTEL, président de l'infâme *Commission des Grâces*,

Vous, PIOU, vice président,

Vous, BASTARD, secrétaire,

Vous, VOISIN
Vous, BATBIE,
Vous, MAILLÉ,
Vous, DUCHATEL,
Vous, PELLEREAU VILLENEUVE.
Vous, LACAZE,
Vous, TAILHAND,
Vous, QUINSONAS,
Vous, BIGOT,
Vous, MERVEILLEUX DU VIGNEAUX
Vous, PARIS,
Vous, CORNE,

Vous verrez — sachez-le — se dresser un matin et pour vous tous, les **potences** de Montfaucon.

— V —

Mais ce sera Place de la Concorde.

A ces gibets énormes, où s'accrochaient jadis les misérables indignes de la hache et du billot, on vous accrochera.

Et vous serez-là, pendus, la face convulsée, la langue grosse, toute bleuïe, et les yeux jaillissants.

Et vous y resterez nuit et jour, au soleil, à la pluie, jusqu'à pourriture complète de votre sale cadavre, qui, lambeaux par lambeaux, s'en ira dans la poussière ou la boue de la place publique.

Mais il serait doux encore, ce châtiment. Il n'aurait rien encore de l'horrible, douleur que vous avez infligée à madame ROSSEL, cette mère, qui se roulait suppliante à vos pieds, MARTEL ; à monsieur le commandant ROSSEL, ce brave soldat, ce père qui vous a dit : " *Vous êtes un assassin* ! M. THIERS. "

Aussi saurons nous trouver vos enfants et vos femmes. — Mais, ont-ils des enfants et des femmes, ces êtres là ? —

— VI —

Et nous les mènerons sous les potences.

Et sous vos cadavres, nous les ferons danser. Et ils danseront en mesure ; car, c'est nous qui la battrons, la mesure avec nos cravaches, sur leurs épaules.

L'orchestre, ce seront deux millions de voix criant à l'unisson :

" *Voilà la* JUSTICE *de Paris vengé !* "

BORGELLA.

Lieutenant-Colonel d'artillerie, aide-de-camp du général ROSSEL, ministre de la guerre.

JUSTICE

NOTRE FOUTRIQUET !

CROQUIS

Détaché de l'album de Mademoiselle DOSNE.

Dans ce bout d'homme, large et court, aux pieds petits, aux mains lourdes et spatulées, qui trottine menu et comme sous lui, d'une allure bizarre toujours, et souvent grotesque, il y a du singe, vraiment ; du gorille, dans la puissance des épaules ; du ouïstiti, dans l'exiguité de l'ensemble.

La tête est grosse, mais grimaçante, vulgaire et mauvaise.

Des yeux fauves, clignotent perfides sous des lunettes qui les cachent. Le regard en est humble sous les paupières-mi-closes, et d'une rare impudence quand l'œil est ouvert.

Le nez sensuel, et d'un grossier sentualisme, s'épate gras et court. Il est très loin de la bouche, témoignant ainsi d'un égoïsme profond.

La lèvre supérieure est à peine indiquée ; mais l'inférieure s'avance, irrégulière, sur le coin droit de la bouche, accusant fortement le rictus énergique du marchand d'habits qui déprécie le pantalon neuf dont il offre vingt sous ;

La lourdeur grossière du menton et des machoires ; les pommettes saillantes ; des oreilles énormes, complètent la physionomie de cet homme commun et vicieux.

Les dimentions du front n'enlèvent rien, à cette impression d'ensemble. Elles accusent non l'intelligence, mais la rouerie, l'habileté vicieuse, le savoir faire de l'huissier madré.

Car l'intelligense, en son expression véritable, est faite de grandeur, de calme, d'harmonie. Et rien n'est grand, rien n'est calme, rien n'est harmonieux, dans cette nature d'épicier malin, d'usurier de village, de marchand d'habits du quartier latin.

Telle est à peu près la silhouette de notre auguste Président, de ce Thiers que le maréchal Soult appelait,

FOUTRIQUET.

Et ce croquis rapide laisse voir aisément qu'il n'y a, dans ce *Quasimodo* de la politique qu'une immense vanité, et des instincts de bête fauve, au service d'un savoir faire qui dépasse en infamie tous les Robert-Macaire, tous les Villemessant, tous les Cassagnac, tous les Bonaparte possibles.

Et sans le témoignage même des crimes derniers que nous allons compter un à un, sa vie n'offre-t-elle point mille preuves à l'appui de cette observation ?

En ne signalant que les plus célèbres :

Ne fut-il pas mouchard infâme, espion et traître dans l'arrestation de la Duchesse de Berry ?

A-t-on oublié que son bienfaiteur Laffite fut trahi par lui sans pudeur?

Qu'à son premier ministère, son premier souci fût de vendre au plus offrant et dernier enchérisseur les places, les grades et les fonctions qui relevaient de lui?

Et le massacre de la rue Transnonain ?

Oui, cet homme a toujours poursuivi le peuple d'une haine féroce, implacable et sauvage, qui est toujours allée grandissant, et qui peut-être grandit encore!

Le peuple lui fait horreur!

Parce qu'il en est de ce peuple ; et c'est là sa douleur grande.

Il est fils d'un petit marchand de drap de Marseille, lui, qui aurait voulu naître sur les marches d'un trône.

Encore s'il eut été seulement fils d'un baron, fut-il baron de l'Empire ?..

Voilà le désespoir de sa vie.

Nous ne rions pas du tout. Rien n'est plus vrai.

Qu'on vienne lui prouver, à cette Excellence, que son père s'appelait M. DE THIERS, et qu'il ne criait pas son drap et ses chemises dans les rues de Marseille, et on lui donnera la plus grande jouissance dont il soit susceptible.

C'est alors qu'elle lui serait douce cette douce *Toison d'Or !*

Et ce sang des Communards qu'il flaire de si bon cœur, lui semblerait alors un breuvage divin.

Et bien, ce bonhomme ridicule et sinistre comprit qu'il y avait quelque chose pour lui dans les désastres qui produisirent le septembre.

La RÉPUBLIQUE, cette chose du peuple de ce peuple detesté, venait d'être acclamée.

Sa rage eut été grande, s'il avait vu à sa tête des hommes de conviction, des hommes de cœur.

Mais il eut un sourire en comptant les être nuls, ridicules et méprisables qui formaie t Gouvernement de la Défense Nationale.

Ces gens-là devaient être fatalement les complices, les instruments, du premier venu qui saurait les manier.

En 48, le titre de Président avait caressé l'ambition monstrueuse de FOUTRIQUET.

Mais la France était alors trop vigoureuse pour subir sans résistance les baisers d'un vieillard. Un bandit vigoureux pouvait seul la polluer, en la faisant tenir aux quatres membres.

En septembre, au contraire, la pauvre France exténuée n'aurait pu que crier au secours! sous l'étreinte de cet homme.

Et pour qu'autour d'elle tout fut sourd à ce cri, le futur Président se mit à courir l'Europe.

L'Italie — nous avons des lettres confidentielles qui ne laissent à cet égard aucun doute —allait envoyer cent mille hommes pour dégager Lyon.

C'était la volonté de Victor Emmanuel.

Cette diversion, secondant les efforts de Gambetta, eut degagé Paris, et empêché la hideuse comédie du siége.

Mais les conséquences eussent été graves :

Le peuple découvrant plus tôt les trahisons de Jules Favre le faussaire, de l'imbécile Trochu, de l'infâme Ducrot, aurait pendu haut et court tous ces misérables, et courant sus aux Prussiens, les eut anéantis jusqu'au dernier.

Ce seul fait créait la République vraie, la République honnête, la République des républicains.

Or pour cette République, des bonshommes comme Foutriquet, n'auraient pas même existé.

Il fallait donc à tout prix empêcher l'envoi de ces cent mille hommes.

Il s'y prit de la bonne manière, l'affreux vieillard ; manière connue, usée, et qui toujours réussit : il exhuma, " l'*Hydre de l'Anarchie* " cette bête fameuse dont les rois ont si peur.

Il montra Paris livré aux rouges ; et en deux ou trois lettres qu'il se fit envoyer *ad hoc*, il laissa lire les détails terribles, de ces *viols*, de ces *pillages* de ces *assassinats*, qui formaient la vie normale de la Babylone assiégée !

" *C'est pour de tels brigands que vous allez vous battre*," dit M. Thiers en terminant une longue causerie avec l'un des ministres de Victor-Emanuel.

Et, au très grand regret du roi, les *cent mille hommes prêts à partir*, furent retenus dans leurs cantonnements respectifs.

En rapprochant cette phrase *authentique*

de ce qu'il y avait dans Paris assiég de calme honnête, d'austère résignation, de mâle énergie, on voit quel homme, il est, ce Foutriquet, et à quel abaissement peut arriver un être pareil affolé d'ambition.

En Angleterre, en Autriche, en Russie, i opèra de la même façon.

Et quand il fut bien assuré que la France grâce à ces calomnies, n'inspirait plus à l'Europe que dégoût, ou pitié, il revint surveiller la capitulation de Paris et la paix ignoble qui devaient lui donner ce pays affreusement mulité ce peuple dont il allait enfin se venger.

Mais les choses n'allèrent pas toujours au gré de son âpre désir.

Et sa vengance fut compromise plus d'une fois par cet *imprevu* qui dérange souvent les plus habiles combinaisons.

Il nous faut parler d'abord de l'enthousiasme fâcheux de ces défenseur de Paris, qui voulaient se battre, qui voulaient mourir quand même, et auxquels il fallut administrer la famine à doses progressives, et les saignées du Bourget, d'Avron, de Champigny, de Buzenval, etc.

Car, il avait été promis à M. de Bismark par Thiers et Jules Favre, que les cinq cents mille hommes de Paris investi, ne feraient jamais des sorties assez sérieuses pour inquiéter les lignes Prussiennes.

Mais que si, contre toutes les précautions

les plus minutieuses, à savoir : la résistance des chefs bien pensants, tous bonopartistes, d'ailleurs ; l'influence des nuits passées aux remparts par quatorze degrés de froid, et de l'agonie des enfants et des vieillards mourant de faim dans les caves, ces maudits gardes nationaux, voulaient absolument rompre le fameux cercle de fer, M. de Bismark s'engageait à bombarder les quartiers pauvres pendant la nuit, et à mitrailler de jour les bataillons qu'il recevrait avec des forces centriples.

En retour de ce bon vouloir du ministre Prussien, Thiers et Jules Favre lui promirent les milliards et les provinces qu'il lui plairait de demander.

Ces engagements mutuels furent écrits après boire, à Ferrières, par le faussaire illustre que vous savez. C'était vers la fin d'octobre, aprè la sortie de Montretout où les Prussiens surpris furent obligés de se battre et furent battus par conséquent.

C'est pour éviter le retour d'un pareil accident que fut conclu ce petit traité.

Ce détail peu connu, nous le devons au degoût profond qu'inspirèrent à un ami de M. de Bismark ces deux hommes, ces deux français, Thiers, Jules Favre, trafiquant de leur pays, pour l'unique satisfaction de leurs instincts mauvais.

Mais après le guet-apens final de Montretout au 19 Janvier, après la paix, l'honorable

Foutriquet ne se vit pas encore dans son fauteuil présidentiel.

Ces hommes armés qui soupçonnaient déjà que si Paris n'avait pas été le tombeau des Prussiens, c'est que Paris avait été livré vendu, comme Sedan et Metz, ils ne soupçonnaient pas encore derrière les opérateurs en sous-ordre Trochu, Ducrot, Guyot, Smith, etc.. le chef véritable de cet infâme complot, M. Thiers.

Mais la moindre imprudence, le moindre hasard pouvaient faire la lumière dans cette ténébreuse capitulation. Et ce peuple alors n'eut pas été content.

Or, il était armé, et dangereux par conséquent. Il fallait donc le désarmer, sous peine de compromettre à jamais l'avenir presidentiel.

Mais pour désarmer ces braves gens, qui avaient su mourir et souffrir, dont on p rlait en Europe avec l'admiration que l'on doit aux héros, il fallait au moins un prétexte ; il fallait les irriter habilement, les désespérer avec art, les pousser dans la rue, en faire des rebelles, des comnfunards, des insurgés, pour en mitrailler un jour la moitié et désarmer le reste, en sauvant l'Ordre et la Société.

Ce nouveau plan de Foutriquet, il le fit exécuter avec autant de bonheur que le précédent.

Sur ses instructions particulières, la presse

officielle et officieuse de tous les gouvernements se mit à parler de désarmement.

Pour se mettre à l'abri de cette honte possible, de cette insulte imméritée, la garde nationale se fédéra. 216 bataillons se réunirent ainsi, sous la direction d'un Comité Central

Ces journaux, qui s'appellent *Gaulois*, *Figaro*, *Pays*, *Patrie*, *Constitutionnel*, etc., tout fiers de ce premier résultat, se firent de jour en jour plus agressifs, plus insolents. On connait d'ailleurs l'impudeur éhontée de ces feuilles immondes.

La garde nationale ne bougeait pas cependant.

Irrité de ce calme, et dans l'espoir de faire bondir enfin ce peuple sous le coup imprévu d'une humiliation féroce, il lui jeta quelques

Prussiens aux Champs-Elysées, comme on jette une ordure au pied d'un mur.

Le peuple enferma les Prussiens dans un cercle de baïonnettes impassibles ; mais il ne bougea point.

La veille de cette entrée, il était allé prendre, au Palais de l'Industrie, et sur les remparts, les canons que les Prussiens devaient emporter peut-être.

Ces pièces, montées et démontées, furent placées à Montmartre, à Belleville, aux Batignolles, où la garde nationale les gardait asiblement.

Décidément, l'émeute se faisait trop longtemps désirer.

Il la fallait provoquer à tout prix par quelque moyen excessif et d'un résultat infaillible.

Le 18 mars fut combiné pour cela :

Les sergents de ville tout dévoués à Thiers et quelques soldats, sur lesquels il croyait pouvoir compter, font semblant de s'emparer, à trois heures du matin de ces canons gardés par six hommes.

Mais comme la résistance est nulle, et qu'il

faut une résistance, Foutriquet lance les *s-ou leveurs*, — *blouses blanches* de l'ex-empereur — qui font de leur mieux jusqu'à sept heures du matin.

C'est alors que Vinoy fait avancer le 88° de ligne dont le colonel est tué raide en commandant le feu.

Ici, un de ces cas *imprévus* signalés plus haut :

La troupe et le peuple fraternisent, et fusillent ensemble deux généraux, Clément Thomas et Lecomte.

Thiers n'avait point prévu ce dénouement.

Le coup était manqué et ne pouvait se recommencer à Paris, de sitôt.

Ses malles étaient faites depuis le 15 mars ; aussi les enleva-t-il le jour même, emportant avec lui tout son gouvernement, hommes et choses.

Et c'est de Versailles qu'il dirigea dès lors ses opérations.

Trois jours après, le 21 mars, à la place Vendôme, il envoya sans succès le fameux groupe à la cocarde bleue. Quelques coups de revolver et deux ou trois morts et blessés, lui prouvèrent une fois encore, à l'homme de la rue Transnonain, que le peuple de Paris n'est pas un peuple d'émeutiers.

Foutriquet n'était vraiment pas content. Et bien que le fauteuil présidentiel se rapprochât de lui sensiblement, il ne pouvait s'y asseoir avec bonheur qu'après avoir mitraillé, déporté, massacré ces deux cent mille Parisiens, devenus tout à coup des *Communards*.

Car la Commune venait d'être en effet acclamée après le vote du 26 mars.

Sans M. Thiers, la Commune eut sauvé Paris et vengé la France. Mais avec M. Thiers la Commune perdit et Paris et la France. Il trouva, ce Foutriquet, des êtres sans nom, des vicomte de Montaut quelconques, assez lâches, assez vils, assez dégradés, pour entrer dans les milieux trop divers de cette trop jeune Commune, et pour y souffler tous les excès qui devaient servir la haine de ce vieux Machiavel

Ce sont eux, ces misérables — nous verrons un jour leurs caduvres se balancer aux lanternes de Paris vengé — qui poussèrent à ces décrets impossibles, à ces maladresses terribles, à ces divisions insensées, contre lesquels le genie de Rossel, son grand cœur, son noble patriotisme, devaient se briser impuissants.

Cette idée saine et forte, la Commune, qui fait aujourd'hui l'Angleterre si grande et si fière la Suisse, roulait de chute en chute dans un abîme sans fond en tout allait sombrer.

Seul l'élément militaire soutenait l'édifice. Mais ce dernier appoint fut detruit à son tour.

Thiers triomphait on le voit. Ses laches perfidies, ses trahisons à tous les degrés, avaient enfin désagrégé la Fédération de Paris.

Ce peuple abhoré il le tenait enfin sous ses

pieds ; il pouvait enfin l'égorger impunément. Aucune puissance humaine desormais ne pourrait menacer la sonnolente béatitude qu'il se promettait de savourer dans son fauteuil présidentiel.

Et il se mit à massacrer avec la rage folle d'un gorille furibond.

Ces horreurs, nous les avons déjà dites. Il n'y faut plus revenir.

Aujourd'hui Foutriquet charme ses loisirs en essayant les persuader à L'Europe, que ces mêmes crimes dont seul il est coupable, ce sont les vatncus qui les ont commis.

Mais nous prouverons en notre prochaine brochure, que depuis l'incendie de l'avenue Rapp, — selon les aveux d'un incendiaire, espion de Thiers,—les édifices détruits par les flammes, dans Paris, l'ont été sur l'ordre écrit de M. Thiers.

Nous prouverons bien autre chose encore, dans la douce espérance de voir tôt ou tard ce Foutriquet à la place qu'il mérite et qui ressemble peu à celle qu'il a.

BIBLIOTHEQUE NATIONALE
Désinfection 1984
N° 9718

ACHEVE D'IMPRIMER LE 15 DECEMBRE 1968 PAR LESCHIERA,
MAITRE IMPRIMEUR A MILAN POUR LE COMPTE DE

EDHIS

EDITIONS D'HISTOIRE SOCIALE
10, RUE VIVIENNE A PARIS

IL A ETE TIRE 1000 EXEMPLAIRES NUMEROTES SUR PAPIER
VERGE A LA MAIN, PLUS 30 EXEMPLAIRES HORS COMMERCE

EXEMPLAIRE N° 438

JUSTICE!

Récits historiques inédits sur la politique de M. Thiers pendant les deux siéges de Paris.

EN VENTE A LONDRES CHEZ :

M. Bergeaud, libraire, Dean street (*soho*),

18, Claremont place, Judd street (Euston Road).

59, Greet street (*Soho*), bureaux du QUI VIVE !

Chez tous les principaux libraires français.

A Bruxelles : chez tous les Libraires.

A Genève : chez tous les Libraires.